AF429857

LA PEÑA DE HOREB

La Peña de Horeb

José Antonio Martínez Coronel

Poesía

1era edición, Miami, 2020

© De los textos: José Antonio Martínez Coronel
© Del prólogo: Miladis Hernández Acosta
© De la nota de contracubierta: Jorge Catasús Fernández
(sacerdote)
© De la presente edición: Editorial Primigenios
© Del diseño: Eduardo René Casanova Ealo
© De la ilustración de portada: Gustave Doré de la edición de
1865 de la Biblia ilustrada en francés.

ISBN: 9798633667264

Edita: Editorial Primigenios
Miami, Florida.
Email: editorialprimegenios@yahoo.com
https://editorialprimegenios.com

Edición y maquetación: Eduardo René Casanova Ealo

ÍNDICE

A Dios,
por tanto amor.

A mis padres,
por enseñarnos
que el amor se renueva
cada día desde la raíz.

A toda mi familia,
a mis amigos,
a tantos
en medio del camino de la vida.

A Jorge Catasús,
por su apostolado del arte en el sacerdocio
y una amistad entrañable.

He aquí que yo estaré delante de ti
allí sobre la peña de Horeb,
y saldrán de ella aguas, y beberá el pueblo.
Y Moisés lo hizo así en presencia
de los ancianos de Israel.

"Éxodo 17:6"

La fe conduce al hombre
más allá de los límites
de su inteligencia bornée.

"Ascensión a la verdad"
THOMAS MERTON

¡Oh, noche que guiaste,
Oh noche amable más que el alborada;
Oh noche que juntaste
Amado con amada,
Amada en el Amado transformada!

"Ascensión del Monte Carmelo"
SAN JUAN DE LA CRUZ

EN EL PRINCIPIO ERAN LAS REVELACIONES[1]

En el principio sólo bastaba una piedra para encontrar la divinidad. El autor de este poemario lo intuye y decide, a ultranza del presente, volver a los tiempos donde lo divino era cercano, esencia primigenia. Fusión directa. Desenmascaramiento. Sólo se necesitaba subir a una peña y, sobre ella, contemplar —la magnificencia de— todo lo creado. Esta búsqueda de la infinitud, que no es un infinito —inane— de una realidad sino la realidad efectiva: anexión del significado objetual, es la respuesta somática a que apela la poesía.

Parece complejo, pero, en puridad, es eso: una búsqueda no sustanciada del poema, la aparición del texto prometeico, carnalizado, hecho verbo en el encuentro con el todo. Y qué es el todo sino la compresión de la realidad del verbo *ser:* forma de lo creado, a imagen de la mente, forma de las formas donde la diferencia entre Dios y el hombre se invalidan a través de la poesía.

Para llegar a entender esto, el escritor José Antonio Martínez Coronel (Güines, La Habana, 1966), ha elegido sedimentarse en Horeb. Echar raíces. Pulir la roca.

---

[1] Cuando Miladis escribió este prólogo, *La peña de Horeb* tenía otra configuración. Dios obró, y, con el fluir del tiempo, el libro creció hasta ser el que ahora llega a manos del lector. Por su belleza tan sensible en el análisis, preferí conservar este prólogo tal cual, verdadera joya.

Asentarse en la cima monolítica; montaña venerable: espacio determinante para la oración más profunda, y el nacimiento pertinaz de la poesía. Lugar donde Dios entregó a Moisés los Diez Mandamientos, escenario que José Antonio asume al presencializar un pasado para reconocerse dentro de él.

Más que refugio, *La peña de Horeb* es escalada al Monte Carmelo; ascensión a la verdad, la noche profusa de San Juan de la Cruz; noche primera y última para recibir esa revelación con lo sagrado. La noche que también vio a Cristo rendirse al Paraíso eterno del Padre Creador, y espantar de allí la serpiente para entregarse a su destino, en el mismo monte que esplende Martínez Coronel para servirle a Cuba. Amarla y recorrerla.

Éste es un libro sublime, cuya hipótesis raya en la noche: entiéndase la noche la fronda exigua del silencio. Silencio y noche —refulgiendo— en un espacio donde el *ser* subyace para rendirle tributo a Dios, pues este poemario está dedicado a Dios, y a sus seres más queridos: sus padres. A la alborada, a la ascensión, mas, para ascender, hay que experimentar muchas caídas; hay que bajar a las cavernas más obscuras, porque éste es también un compendio de caídas, pero, sobre todas, las cosas: de revelaciones.

Para lograrlo, José Antonio divide el libro en cuatro capítulos. En cada uno, ejercita variadas formas de hacer y decir la poesía desde la décima, no siempre en su formato de espinela. Estos cuatro capítulos, a su vez, son libros dentro de un solo libro: testimonio de una fe y de una vida. Resumen del libro primero: enseñanzas. Ensimismamientos. Detonamientos, pues, del mismo modo, hay dudas. Incertidumbres. Hundimientos. Vuelvo arriba: hay caídas. Desarmes. Caos en el corazón de un hombre que intenta redimirse, y asiste a ese eximir ofreciendo como tributo la poesía. La poesía redime, salva, y nos condiciona.

El primer Capítulo: *En tierra de Gosén*, compuesto por 13 textos, que fungen como cantos, livianas oraciones. El sujeto lírico busca determinadas simetrías, indicios cruciales, sedimentos para acoplarse o fusionarse con sus lecturas sagradas: la *Biblia* es su fuente de permanencia y de preeminencia, *pathos* o ciencia que sirve de matriz a un libro como éste donde lo antiguo sirve de colofón para replantearse la contemporaneidad.

Estos trece textos lo atestiguan. El trece como símbolo de transformación. El número de la mala suerte, asociado a Judas cuando vende a Jesús. Los meses lunares para la adivinación son 13. Pero lo importante, en este segmento, no es esto. Lo importante es su afán de conectarse con su realidad: una realidad que necesita trasuntar el pasado y, en ella, hallar un perdón ("Perdón, Señor, por lo que hice, / y lo que dejé de hacer. / Tan fácil era entender/ cuánto hería en cuanto dice/ mi silencio que desdice/ lo dicho, pero ahí está"). Hay otras búsquedas y límpidos amaneceres, ajenos montículos donde el sujeto se aposenta. Cabe señalar "Mi Carmelo", "Odiseo recordando Ítaca", textos que demarcan nuevas ensoñaciones pero, con un mismo hilo conductor, un hilo de cobre, finísimo donde el yo sucumbe, se des-construye, quiere ser lavado, y/o examinado por Dios.

En el segundo capítulo: *El camino de Shur*, comienza un leve periplo espiritual por la isla de Cuba. Para este recorrido necesita del clan de los bárbaros, de una raza trasnshumana que sirve de oxímoron para no hablar de una filosofía de la trans-humanización, o del desapego, sino más bien de adherirse o enraizarse, visualizar paisajes, sendas fotografiadas de éste, su bosque o archipiélago insular. "Puente del Yayabo", "El Cobre y la Ermita" muestran esos visos, o sirven de postales para el viajero avisado que dignifica, en sus pasos, todos los detalles:

> Ante la misma Patrona,
> dos silencio oran. Calla
> el mármol. La voz encalla
> tras navegar dentro. Zona
> de abrazos. Cuánto perdona
> la cicatriz. Bautisterio
> abrazándose al misterio
> de una lágrima vivida
> en dos mitades, (...)

Encontraremos reflejos de una epifanía insular, anclas y mástiles, decantaciones de un periplo espiritual profundo que tiene como fin encontrar las huellas de una espiritualidad, o de una religiosidad dentro de un país como Cuba, donde ninguna ideología socializante ha podido eliminar, ni borrar, el imaginario espiritual común de un pueblo.

Los once textos de este apartado signan una voz doliente, un emisor que se arrodilla, calla, y ve pasar, debajo de los puentes, las aguas turbulentas, las lluvias; esas voces como sombras perturbadoras. El tono es apacible. No hay gritos, ni sobresaltos. Apenas un drama que el poeta no desea a contraluz, sobre las minas, ponderar.

Hay sólo una "eternidad del instante, / palabra en silencio henchida, / tanta muerte en tanta vida, / cercanía tan distante/ sin distancia, / (…)". Y todo esto es una ganancia para volver a cruzar ese puente y llegar al tercer apartado de este poemario: *Los vados del Jordán*, ese río tantas veces cruzado, en cuasi todos los libros de José Antonio Martínez Coronel. Río no sólo símbolo sino significado, causa y efecto, catapulta, franja de agua donde bebe, aquilata, sirve, pre-agoniza, se bautiza a sí mismo, y se da como simple, humilde porción de gracia o de agua viva a Dios.

Se da como "Antífona", como ángel en una antigua natividad, donde el poeta es un objeto más de ese pesebre. Un *ser* que ha visto a la Virgen acariciando su vientre, mucho antes de producirse un parto, e invoca sin ruidos ni letanías la *gratia plena* de lo que llegará después. Hay sombras y luces, "Hacedores de puentes", cantinelas, lamentos en un muro, y un "Oasis de paz Nevé Shalom/ Wahat as-Salam", uno de los textos mejor logrado de este libro: "¿Por qué me matas, hermano, / si, al matarme, muerto estás?". Verso que funge como sentencia, forma de reprobación a las sombras en la condición humana. Aquí el sujeto se exalta, muestra la caída del hombre, la extra-territorialidad de Adán, y ese paraíso perdido. Prueba o acicate invariable en este poemario, escrito con un tono callado, a fuego lento, quemadura que aprueba el dolor, descodifica la muerte y, conforme a los hechos, rescata el valor de la poesía, el significado de la vida.

El autor de este poemario inquiere por otros climas, separadas estaciones, quizás menos veraniegas. Pero estas "estaciones" son improntas a seguir, muros a derribar, murallas que escaldar, túneles por abrir para llegar a descubrir un pasto fértil: edén primigenio para reiniciar la vida. De ahí que busca refugio sobre *Las*

Nieves del Hermón, último periplo o escalada de este libro que tiene, como ya expresé al principio, un sólido empate o vínculo con la *Subida al Monte Carmelo* de San Juan de la Cruz, con el libro de los Salmos y los Profetas. José Antonio Martínez Coronel es su discípulo, lúcido y tardío, sólo en el tiempo: un servidor. No es un libro de homenaje, ni de imitación posible. Éste es sólo una ruta trazada por un hombre que busca la verdad, y, al decir la verdad, busca de igual forma un asidero para desentrañar sus experiencias y circunstancias no reveladas.

Las Nieves del Hermón, socorrido también por trece textos, abren una sustanciación de un mismo fenómeno: un dar y un recibir. Advienen con el compás de los Salmos. Hay alabanzas sobre la mítica cordillera del Hermón, cumbre que sirve de frontera actual entre Israel, el Líbano y Siria, cima de inquietante belleza. El poeta erige ahí su vergel porque sabe que este codiciado lugar ha sido, y es, escenario de inspiración de muchos poetas árabes y hebreos, porque debido a su altura es propenso a una elevada cantidad de precipitaciones, nieves estacionales en tres de sus picos tanto en invierno como en primavera. El monte Hermón es un viable sitio para la Transfiguración. Allí Jesús reveló a sus discípulos sus propósitos finales, y tomó a tres de ellos: Pedro, Juan y Santiago, para orar. Es, asimismo, el lugar para el socorro, el refugio de fieles, encontrar los clavos de Noé, para los pretextos *últimos*, ver la hierba florecida, el paso de las cabras, los pájaros alzarse sobre la nevada; acampar y experimentar las asunciones, ser parte de una geografía benéfica que bordea el color rezumante de la nieve, y ver de lejos todo el esplendor de una humanidad que necesita salvación.

"Hava nagila", último poema de este libro nos habla de una necesidad primordial: la de asirse con lo eterno más allá de cualquier complicidad con el Dios creador, una necesidad que llene al hombre amortigüe el miedo a la muerte, beneficie, y, en esa infinitud, prolongue su existencia:

> Miro formas. ¿Dónde el alma
> de las formas se quedó,
> si esta mirada no entró
> en la esencia? Nada calma
> lo visible. Todo ensalma
> esta pasión de infinito.
> En tanto espacio limito
> lo ínfimo colosal,
> velo de este magro umbral
> a lo eterno en que palpito.

¿Qué poeta no apela a esa completez que otorga lo eterno? Leer este libro puede servirnos para descubrir un punto donde la eternidad es un eje tangencial. El poeta ha vencido a la muerte, ha encontrado un umbral dentro de la conciencia naciente del hombre: conciencia edénica donde la muerte no posee gravitación: no acciona porque no encuentra en el hombre espejos para reflejarse. Tal como fue creado, vivificado en el jardín de la vida eterna *primera*. Basta adentrarnos a estas páginas, que no apela a batallas expresivas, luchas finales, ni a rebeliones estéticas. No hay saturaciones, estallidos sonoros. El lenguaje utilizado acude a formas laudables, apela a lo diáfano. A una economía de materia consistente. No hay esquemas ni reticencias, sólo vibra un alma que se fracciona en un determinante escenario para encontrar una unidad.

Insisto en que éste es un libro de silencios, de íntimas oraciones con lo divino. Salutaciones y raigambre. Ejercicios de quietud y confianza. Umbral para refirmarnos contra el aniquilamiento, contra las formas obscuras de la nada, contra la existencia del mal, el vacío, o el abatimiento del ser en el olvido. Una utopía de la trascendencia. Veamos la nieve y las golondrinas de Cristo pasar.

Miladis Hernández Acosta
Princesa de la poesía cubana
Guantánamo, 19 de enero, 2020
Bajo la indómita luz de Capricornio

Palabras iniciales de contracubierta

Un poemario no es —como aligeran algunos— reservorio de imágenes paridas por casualidad, amasijo azaroso de versos. No. Conformar poesía es sincerismo en sentimientos, acto expresivo de una voluntad lírica (e ideoestética) que coloca a su autor —y, en consecuencia, a los lectores— ante el pórtico existencial de una oriundez que le(s) exige desnudarse… Con su piel descubierta y justo por ello bendecida, palpitando tras la cópula entre cedros y palmeras, José Antonio Martínez Coronel nos erotiza (seduce) desde un pacto comunicativo que depara a la mística esa potente cualidad de anhelos, caridades y misterios sólo equiparable a lo apacible (ad)venido con y para lo divino. No lo dude: es éste un libro donde Dios (y sus cosas) no necesita(n) trocarse en letra impresa para lanzarnos al ruedo enardecido del (su) Amor. Todo aquí se sufre, se duele, clama, crepita; y todo se eleva, y brama, y se escurre por los meandros del placer. Sólo una cultura acaso renacentista como la que porta el autor, sólo la humildad ecuménica que le caracteriza y sustancia, o la visión ontocéntrica de que el propio Dios le ha dotado, pueden augurar el creciente beneplácito experimentado por quienes recorran las planas de *La peña de Horeb*, un periplo que les agenciará revisitaciones a la fruta solitaria en la caverna de aquel futuro que fue.

Prof. M.Sc. José Luis González-Almeida
Vizconde del Santo Cristo

Nota: queden estas palabras (otras) de Contracubierta como testimonio de mi amigo-hermano, quien ha visto nacer todos mis libros, y también a Teresa Medina Rodríguez, quien, desde noviembre de 2017, ha asistido al nacimiento, paso a paso, de todos mis poemarios.

EN TIERRA DE GOSÉN

*Y se le apareció el Ángel de Jehová
en una llama de fuego en medio de una zarza;
y él miró, y vio que la zarza ardía en fuego,
y la zarza no se consumía.*

"Éxodo 3:2"

Nota: aunque la mayoría de estas décimas son espinelas, cuando la idea me condujo a métrica y rima distintas, no dudé.

Bitácora del escriba

La palabra es un crear
en silencio. La grafía
da forma al ontos. ¿Qué había
antes del barro? ¿Grabar
la huella de tanto andar
hacia lo mismo? ¿Tablilla
de asombros en cada orilla?
Ignoto cauce. ¿Qué aliento
habla por mí? ¿Qué presiento
entre juncos y barquilla?

Septiembre 13, 2019, viernes
8:50 pm-11:14 pm
Güines

Odiseo recordando Ítaca

La memoria por paisaje.
El cielo, vago rumor.
La vida, quieto esplendor
de corrientes en oleaje
tan callado. ¿Qué pasaje
a un no retorno? ¿Qué buscas
sin hallar? ¿Por qué te ofuscas
en las huellas del sendero?
Cauce interno, sol de estero,
sonrisa donde reluzcas.

Mayo 27, 2019, lunes
11:36 am
Güines

Entrega

31

No estás solo. Tan apenas
un fluir en el estar.
¿Qué encuentras en el hallar
lo que no alcanzas? Serenas
palabras tejen almenas.
¿Qué gozo en vana fruición
de tanta sed? ¿Qué extensión
tan breve en fulgor de vida?
Llama que besa la herida:
Amor, cáliz de pasión.

Septiembre 11, 2019, miércoles
12:22 am
Güines

Oblativo

Amor es un entregarse
tan gozoso en libertad
que, aun herido en sequedad,
más se goza en derramarse
de un fluir sin agotarse
creciendo adentro en tal luz
que la aurora bebe en sus
silencios de hilván radiante
al manar, desierto orante,
agua de vida en la cruz.

Julio 10, 2019, miércoles
11:37 pm
Güines

Lavatorio

Acción es contemplación.
Un saber que, en el vaciarse,
no se agota en tanto darse.
Gozo de luz en dolor,
cirio a espejo confesor.
Mirar el cauce y no entrar,
tan más por dentro al estar.
Ser en abrazo invisible,
enraizando lo inasible.
Contemplación es acción.

Agosto 14, 2019, miércoles
Agosto 16, viernes, 1:10 pm
Güines

Transustanciados

Eternidad del instante,
palabra en silencio henchida,
tanta muerte en tanta vida,
cercanía tan distante
sin distancia, fecundante
luz de noche en el desierto
de los días, todo abierto
en claustro tan de alborozo
al ser sin estar, tal gozo
de vivir estando muerto.

Julio 22, 2019, lunes
9:40 am
Güines

Devocional

Brisa, péndulo de ocaso
tras emerger de la cueva,
aletear que todo mueva
sin mover. Tan sólo un paso
del alma que en noche abrazo
mientras el humo levanta
un sudario y adelanta
el silencio, fiel murmullo
del arroyo. Nada tuyo,
nada mío. Nada canta.

Junio 25, 2019, martes
12:44 pm
Güines

A veces

Este hablar es un callar
cuando converso. ¿Qué digo
si alcanzarme no consigo
en mis palabras? ¿Bogar
sin puerto? ¿Anclas levar,
si apenas fondo he tocado?
¿Volver a dónde? ¿Callado,
en voz de llama tan viva?
¿Qué leer si, en lo que escriba,
apenas he comenzado?

Septiembre 5, 2019, jueves
10:31 pm
Güines

Intangible

¿Poesía?, preguntaron,
y el silencio respondió.
La palabra se posó
en la espuma. Contemplaron
su silueta en la que hallaron
un badajo de rocío.
El tiempo entreteje, pío,
los vados de la otredad
hilvanando en levedad
mi cauce de interno río.

Julio 24, 2019, miércoles
7.27 pm
Güines

El camino de Shur

Mi Carmelo

Monitongos, mi claustral
Capadocia, soledad
de Qumrán, tu levedad
de Sinaí, colosal
deambulatorio, vitral
adusto de cada paso,
la certeza es un acaso
entre el mar y la montaña,
ablución que me restaña,
atrio del alba en ocaso.

Septiembre 16, 2019, lunes
10:34 am
Güines

Helicoidal

Silencios del caminante,
sonrisas a quien saluda.
Multitud nunca es ayuda.
Cuando la voz, cabalgante,
se detiene, no hay delante
ni detrás en la mirada.
El abrazo de la nada,
O Irimi en luz interior,
sólo nos salva el amor:
alma en Chi tan renovada.

Diciembre 7, 2019, 8:23 am
Segundo Domingo de Adviento
Hotel Victoria, tomando café

Ontocentrismo

No estoy en ciudad extraña.
Aun sin llegar, todas soy.
Ni ayer, ni mañana, ni hoy
en un mirar que se empaña
si me centro. Nada engaña
la levedad de un suspiro
sin tiempo. Todas respiro.
¿Con qué palabras me nombras
tus límites de las sombras?
¿Cómo tocar lo que inspiro?

Agosto 14, 2019, miércoles
4:36 pm
Güines, llovió

Puente del Yayabo

Vibra el bronce. La ciudad
palpita en cada ladrillo
de su silencio. Qué brillo,
la noche en su parquedad
luminosa. Soledad,
en la mirada del busto
y el campanario. Qué adusto,
el espejo de la hierba.
Un farol su luz conserva
al derramarla con gusto.

Septiembre 14, 2019, sábado
Septiembre 16, lunes
7:09 am
Güines

Atardecer

Llueve sobre el campanario.
La lluvia tañe al sonar
badajo y confesionario.
Los charcos son el espejo
de rostros apresurados
evadiendo su reflejo.
Nadie en el parque. Glorieta
donde un perro, hecho un ovillo,
nos mira. Vaga silueta
de un portal bajo el altillo.

Noviembre 7, 2018, miércoles
3:47 am
Güines

Siluetas

Mirando abajo camina
quien no camina al andar.
Su vida, sólo un mirar
que la abulia desatina.
Se sienta con la rutina
en el parque o la piquera
de no partir. Desespera
el alma en su luz atada
a un vivir tan de pasada
deshojando primavera.

Julio 28, 2019, domingo
8:05 am
Güines

Éter

La noche en el hospital.
Alguien nace. Alguien espera.
Los ojos de la enfermera
preguntan. Procesional,
el bisturí rasga. Umbral
de la esperanza palpita.
Un teléfono concita
las miradas. La sutura
es un silencio que apura
cuanto el alma necesita.

Septiembre 23, 2019, lunes, 11:12 pm
Septiembre 24, martes, 7:50 pm
Güines

Entrega a Ti

Te necesito, Señor.
Sana este cuerpo cada día.
Lo bien que ayer me sentía,
hoy yo me sienta mejor.
No dejes que ningún dolor
venga a herir lo que sanaste.
Toma cuanto ya salvaste.
No desgarre la existencia
el tejido de esta esencia
que en operación guiaste.

Agosto 1, 2019, jueves
7:53 am
Güines

Los velos de la espuma

Tu nombre, crepuscular
esencia que me acompaña,
herida que se restaña
mientras hiere en un pulsar
de extrañarte, quieto mar
con guijarros de tu aliento
en mis manos, sedimento
de un oleaje en tu mirada
modelando mi callada
arcilla pulida al viento.

Agosto 20, 2019, martes
10:48 pm
Güines

Terrado

La noche, callado espejo
que entre palabras se escurre.
Todo pasa, nada ocurre.
Cerca bailan, yo me alejo.
Ritmo interno. No me quejo.
Crepúsculo, amanecer:
el abrazo de crecer
hacia adentro. Mediodía
sin tu voz. Tanto bullía.
La noche acaricia al Ser.

Enero 29, 2019, martes
10:32 pm
Trinidad

El Amado a su Amada

El velo de la mirada
es pórtico. Lo esencial,
ni detrás. Lo sensorial
tanto atrae. Trasvasada,
el alma no es traspasada
por sí misma. La inmanencia
modela el cuerpo. Fluencia
de acariciar lo inasible
en tu piel, cauce visible
de tan callada presencia.

Agosto 11, 2019, domingo
12:38 pm
Café Cubita, Güines

Entrega en Luz

54

Amor es desasimiento
en asidero gozoso,
con sed añorar el pozo
mientras bebo. Sedimento
de tanto vivido, lento
fugaz instante que duele.
Abrazar cuanto no vuele
en suspiro tan cercano.
Amor, ofrecer la mano
hasta en la herida que impele.

Abril 14, 2019, 10:38 pm
Domingo de Ramos
Güines

Ancla y mástil

El ancla verá en el fondo
cuanto el mástil no verá.
Cada cual conocerá
su mitad. Sin el trasfondo
del horizonte, lo hondo
será un abajo y arriba
de controversia tan viva
que, sólo en abrazo a Dios,
recuperarán la voz
del silencio rediviva.

Agosto 16, 2019, viernes, 9:17 pm
Agosto 17, sábado, 4:20 pm
Güines
(Tema propuesto por el pastor bautista
Luciano Márquez Delgado, New Brunswick,
New Jersey)

Hacedores de puentes

El saludo de la paz,
¿a quién brindas o rechazas?
Tan cerca del amor pasas
cuando el amor queda atrás.
¿Cuánto en tu mano abrirás
al otro que también eres?
Salutación con que hieres
el gozo de en cruz sanar
al tantos en ti abrazar
si en Emaús los vivieres.

Octubre 6, 2019, domingo, 11:05 am
Parroquial de San Julián
y San Francisco Javier de los Güines

Epifanía

57

El crucifijo escondido
detrás del escaparate.
La fe vista cual dislate
por un dislate escindido.
El tiempo tanto ha cernido.
Los silencios son altares
de la memoria. Olivares
en el centro del frontón.
Pesebre y resurrección
sanan íntimos pesares.

Septiembre 6, 2019, viernes, 5:25 pm
Parroquial de San Julián
y San Francisco Javier de los Güines-
Septiembre 7, 11:41 am
Güines

El Cobre y La Ermita

Ante la misma Patrona,
dos silencios oran. Calla
el mármol. La voz encalla
tras navegar dentro. Zona
de abrazos. Cuánto perdona
la cicatriz. Bautisterio
abrazándose al misterio
de una lágrima vivida
en dos mitades, la vida
contemplando el presbiterio.

Agosto 13, 2019, martes
5:19 am
Güines

Nicho

Solitario confesor
mirando la madrugada.
Voces que pasan. Sentada,
la noche mece un dolor
y un gozo en ti, corredor,
puente de orillas. La calle
y el patio son el entalle
de tus silencios. Umbral,
tejiendo vida, portal,
atrio del tiempo en mi calle.

Septiembre 18, 2019, miércoles
1:26 am
Güines

Fulgores del candelabro

Hoy, misa de Fin de Año.
Allá afuera, las carretas.
Las miradas son veletas.
Corretajes en el caño
bajo la risa de estaño.
Musicanga. La homilía
entreteje la osadía
de vivir en la ternura
lo efímero. Cuánto dura
la eternidad en un día.

Diciembre 31, 2019, martes, 9:46 am
Parroquial de San Julián
y San Francisco Javier de los Güines

LOS VADOS DEL JORDÁN

Y lo sepultaron Isaac e Ismael sus hijos
en la cueva de Macpela,
en la heredad de Efrón
hijo de Zoar heteo,
que está enfrente de Mamre

"Génesis 25:9"

Cupular

Si bebo en la zarza ardiente,
me alumbra mi menorah,
mi cruz guía el más acá
junto a media luna ingente;
si el tao, vacío inmanente,
bebe en el Ganges y el Nilo;
si tantos forjan el hilo
de tan profunda pasión,
¿qué razón, tan sin razón,
disfruta la paz en vilo?

Octubre 30, 2018, martes
9:50 am
Güines

Pretextos

A las víctimas de Pittsburgh,
a tantas en la historia.

Me han matado tantas veces,
¿cuántas más he de morir?
Vivir con odio, vivir
creciendo en cuanto decreces
de amor. No vale que reces
desde tu fe si la fe
contaminas. Dios te ve
como jamás te has mirado.
¿Amará quien no se ha amado?
¿Será luz quien no lo fue?

Octubre 28, 2018, domingo, 5:35 pm
Octubre 30, martes, 4:23 am
Güines

Lamentos del Muro

¿Cómo tres pueden orar
a un mismo Dios, y matar
a su hermano de oración?
¿Qué decir en confesión,
si la palabra confunde
tres idiomas? Sin amor,
¿cómo sanar el pasado
en un futuro varado?
¿Cómo abrirse a la hermandad
sin creerse la Verdad?

Agosto 15, 2019, jueves
11:25 pm
Güines

Oasis de paz
Nevé Shalom/Wahat as-Salam

¿Por qué me matas, hermano,
si, al matarme, muerto estás?
¿Cómo tu alma salvarás
perdiendo al herir tu mano?
¿Voluntad de ser tan sano
que hasta a Dios acusarías
de amar tanto? ¿Cómo harías
para no ver que el desierto
muros no tiene? ¿Qué acierto
en desamor tornarías

sin ser en la zarza ardiente
de un pesebre y media luna?
Tanta verdad es ninguna
ante Verdad inmanente
en roca de Amor fluyente
desde la herida. ¿Qué lazo
te salvará del abrazo
que te abrasa en Libertad
sin nudos? Sabia hermandad
de la arena en tu regazo.

Agosto 6, 2019, martes
11:15 am-11:50 pm
Güines

Lamento de los tres hermanos

Nunca cosechas la paz
si tu palabra es herida
por tus rencores. Sin vida,
¿cómo luz entregarás?
¿Cómo entre bombas oirás
tu silencio? La explosión
será huella de exclusión
en el abrazo. ¿Qué hablar
si tu diálogo es sembrar
sequía hasta en ablución?

Diciembre 6, 2020, lunes, 10:38 am
Epifanía de Nuestro Señor Jesucristo
Parroquial de San Julián
y San Francisco Javier de los Güines

Hijo del hombre

Si quien te acecha, te asecha,
¿cómo pedirá confiar?
Recibir es entregar
de nosotros. Tan maltrecha,
la esperanza. ¿Quién la mecha
enciende sin que, al herir,
no lo hiera el resurgir
de cuanto sembró? La higuera
dará sus frutos. La espera,
sólo si es luz, no es morir.

Octubre 30, 2018, martes
4:31 pm
Güines

Pesebre

Cae la bomba. Mosaicos
salen volando.
Las alas de las paredes
ven la cúpula hecha añicos.
Bicéfala
un águila parpadea.
Los zapadores se acercan.
Un niño calla
mirando
en los ojos de María.

Agosto 8, 2019, jueves
8:40 am-10:45 am
Güines

Gracia

Lo que cayó, ¿no cae más?
Sigue invitando al caer.
La enfermedad del poder
es no poder ser veraz
sin amor. Nunca es jamás
si en el morir no pereces
al otro que en ti decreces
cuando la luz es desierto
florecido. Nada yerto
al ser lo que no pareces.

Agosto 7, 2019, miércoles, 10:45 pm
Agosto 8, 12:35 am
Güines

Cruzando el Cedrón

Dolor ya tan milenario
sin necesidad de muro.
Tres hermanos, tan oscuro
abrazo en triste sagrario
de ver cómo, en un gregario
contender, gime el olivo
entre roca y fuego vivo
de una zarza tan interna.
Tan sólo el Amor discierna
un abrazo redivivo.

Diciembre 20, 2019, viernes
8:08 am
Güines

Sema

No lees lo que yo escribo,
no escribo lo que tú lees;
no creo lo que tú crees,
ni vives cuanto yo vivo.
No ves lo que yo describo,
pero crees entender.
Cada cual, en su saber
tejerá tal comprensión…
Vendrá el tiempo. ¿Qué opinión
de tanto estar en el ser?

Septiembre 16, 2019, lunes
10:58 pm
Güines

Un patio de Galilea

*Sólo el silencio
puede contener lo infinito.*

"El pobre de Nazaret"
Ignacio Larrañaga

Hava nagila

Miro formas. ¿Dónde el alma
de las formas se quedó,
si esta mirada no entró
en la esencia? Nada calma
lo visible. Todo ensalma
esta pasión de infinito.
En tanto espacio limito
lo ínfimo colosal,
velo de este magro umbral
a lo eterno en que palpito.

Julio 21, 2019, domingo
8:12 am
Güines

Un entrarse en un no sé

Sentirse dentro y afuera
de sí mismo, soledad
con sabor a levedad,
fluir en callada espera
hacia el silencio, manera
de un no ser que, siendo, acaba
en cuanto apenas se alaba
con palabras, entender
la paz de no estar y ser
mientras, estando, abrasaba.

Noviembre 24, 2018, sábado, 11:27 am
Café El Escorial, Plaza Vieja, La Habana Vieja-
Noviembre 25, domingo, 6:42 am
Solemnidad de Cristo Rey
Güines

¿ Renovación del Yo?

La memoria, qué aguijón
en la carne. Compañía
que del espejo no fía.
¿Será la imagen visión
de quien soy? ¿Cuál expresión
mi aliento traducirá?
¿Cómo ver cuanto será
en lo que fue? Nada soy
si a tu palabra no voy.
Mi aguijón florecerá.

Agosto 11, 2019, domingo
12:17 pm
Café Cubita, Güines

No fluir en pleno cauce

El tiempo es un acertijo
en espejo de ilusión.
¿Qué comprende la razón?
¿A qué escribir tan prolijo
cuanto el silencio, cobijo
secular, lee mirando
lo que se aleja, llegando
en un estar que no alcanza
a tanto ser? ¿La templanza
de un no saber sabe amando?

Diciembre 26, 2019, jueves
10:51 am
Güines

Getsemaní

¿Por qué?, pregunta la vida
a nuestra pregunta. Dios
responde sin tiempo. Dos
nostalgias ante la herida
que sana al doler. Bruñida
elipsis en tanto hablar
sin decir. Besa al pasar
la voz cuanto ya no está.
Alma y cuerpo tejerá
cada paso en el lagar.

Enero 22, 2020, miércoles, 9:31 am
De Trinidad a Cienfuegos
Frente frío, 13 grados en Trinidad del Mar (8008)

Hierba florecida

84

Lecho y tumba se contemplan.
Las horas marcan el paso
de un no-tiempo en el abrazo.
Raíces que lento tiemplan
las ramas que se destiemplan
en campanadas. El día
de noche viste. Alegría
de un beso que nunca parte.
Hilar al deshilacharte.
Tanto el alma ya sabía.

Julio 16, 2019, martes
5:44 am
Güines

Evidencia

¿Y si trajeses la flor
de Coleridge? ¿Si tu sueño
fuese real? ¿Si tu empeño
te sembrara de fervor
la idea? ¿De qué color
tejerás tanta ilusión?
¿Realidad de la intuición,
verdad de lo tan soñado,
certeza de lo anhelado,
lumbre de imaginación?

Junio 25, 2019, martes
5:36 pm
Güines

Cómo

¿Qué mira el ojo? ¿Qué ve
la palabra? ¿Cuánto digo
cuando mi silencio sigo?
¿Qué tengo? ¿Qué tanto fue
en el partir de un esté
sin abrazo? ¿Cuán sediento
el pozo? ¿Húmedo aliento
sin el beso de tu olor?
¿Qué piel cubre mi color
de noche en tu firmamento?

Agosto 23, 2019, viernes
11:20 pm
Güines

Tan en mí

Cosecho el mal sin tu amor.
Confundo sabiduría
en un conocer de día
cuanto de noche es dolor.
Fe y razón, quieto vapor
del oasis. Entregarse
es un recibir al darse
sin afán de recibir.
Cuánto me hiero al herir
tu herir de, en amor, sanarse.

Julio 23, 2019, martes
7:43 am
Güines

Sin estatua de sal

Perdón, Señor, por lo que hice
y lo que dejé de hacer.
Tan fácil era entender
cuánto hería en cuanto dice
mi silencio que desdice
lo dicho, pero ahí está.
Tanto dolor dolerá
mucho más cuanto más vea.
Permite que mi alma sea
lo que en tu amor ya será.

Agosto 9, 2019, viernes
1:10 am
Güines

Los clavos de Noé

Llueve sobre la ciudad.
Los techos al monte miran.
Las palabras no conspiran
ante tanta levedad.
Urbana fugacidad
de un trazado en sumidero.
Los muebles son un sendero
al péndulo de la noria.
El arroyo de la gloria
bebe en el tiempo primero.

Julio 24, 2019, miércoles
11:29 pm
Güines

Sombra y luz

La vida, tan sólo una.
Cada día, un escoger.
Ilusión de estar y ser
sin ser en estar. Ninguna
imagen conduce a alguna
certeza de lo perdido.
No pierdes cuanto has vivido,
mas vivir mirando atrás
te apretuja en un quizás
de no entender lo entendido.

Noviembre 14, 2018, miércoles, 5:32 pm
Hotel Los Helechos (106, planta baja),
Topes de Collantes, Trinidad-
Julio 19, 2019, viernes, 11:53 pm
Güines

El parpadear de un suspiro

Este nido de gorrión
en aguilucho aletear,
estas cumbres al volar
raudo sobre el farallón.
Humo lejos del carbón
por el espejo de un río.
Posarse es un desafío
en la palabra que pende.
Tanto silencio se extiende
derramándose en vacío.

Septiembre 23, 2019, lunes
10:50 pm
Güines

Geo-grafía

¿En qué templo adorarás
al que, sin templo, te ama?
¿Tras qué muro, tierna llama
sin columnata verás?
¿Qué zarza ardiente serás
en tu desierto interior?
¿Qué monte será mejor
que tu íntimo collado
de silencio? ¿Qué rasgado
ritual ante tanto amor?

Agosto 19, 2019, lunes
7:51 am
Güines

Asunciones

¿Trascender lo trascendido?
¿Buscar lo que en ti es hallado?
¿Modelar en lo tallado?
¿Traducir lo ya vertido?
¿Regresar lo no partido?
¿Ser sin buscar espejo?
¿Asombro nada perplejo?
¿Comprender no comprendiendo?
¿Ganar mientras voy perdiendo?
Amor del amor reflejo.

Julio 24, 2019, miércoles
1:01 am-3:04 pm
Güines

Sin espejo

Mortal inmortalidad,
lo transitorio y lo eterno,
ni paraíso ni infierno,
ni mentira ni verdad,
ni ficción ni realidad,
ni espíritu ni carnal,
esencia consustancial
de gozosa zarza ardiente,
fuego de arroyo creciente,
voz sin pasión nominal.

Julio 20, 2019, sábado
2:02 pm
Güines

Amanecer en las dunas

Tanto no estar tan estando
en cuerpo tan pasajero.
Tan creer tanto primero,
que luego se va alejando.
Tanto ser sin saber cuándo
seré sin tanta ilusión,
apetitos, desazón
de un poseer poseído
por el velo. Me has herido
en gozosa sanación.

Agosto 9, 2019, viernes
1:40 am
Güines

El encinar de Mamre

Coreografía de Dios
entretejiendo el asombro.
¿Qué entender si lo que nombro
deja en silencio mi voz?
¿Camino de cuánto en pos?
¿Libre arbitrio o voluntad
divina? ¿Futuridad
de un pasado en el presente?
El alma escucha la mente
libre en tanta libertad.

Julio 22, 2019, lunes
12:42 am- 1:00 am
Güines

Velo de tanta certeza

Tan sin llegar que llegando
es un partir. Tanta espera
por qué aún me desespera
si el amanecer, amando,
en crepúsculo tornando
ilumina la ilusión.
Realidad de la ficción,
velo de tanta certeza.
La noche, fugaz belleza
en diaria comunión.

Mayo 27, 2019, lunes
5:23 am
Güines

Fieles

Tan poblado el cementerio,
con difuntos y vivientes.
Las calles, ríos dolientes,
fugaz delta hacia el misterio,
gotean del bautisterio
a un candil que, no apagado,
nos mira del otro lado
tejiéndonos en umbral
de silencio tan claustral,
telúrico, innominado,

que las ventanas convierten
cada cuerpo en su silueta,
cada palabra en la quieta
soledad de quienes vierten
los abrazos y convierten
estos muros en ciudad
de tan callada verdad
a la sombra de una vela,
cirios humanos en vela
junto a tanta levedad

de haber sido y ya no estar
sin jamás haber partido.
¿Quién se despierta dormido
de este sueño de soñar
que vivimos? ¿Cómo hablar
sin decir lo que sabemos?
Partimos cuando nacemos
a esta ilusión de vivir,
sensación de nada asir
mientras todo poseemos

en nada nuestro. Llegamos,
y en el pórtico nos miran
como quien parte, suspiran,
y suspirando miramos
la losa que modelamos
con las ausencias. Preguntas
de palabras cejijuntas
frente al dolor. La esperanza
a veces duele. Descansa
sin descansar en las puntas

de la verja. Un trasvasar
pesebre en tumba vacía
sustancia la noche en día
sin más noche. Caminar
dentro o afuera es pasar
ante nosotros. Un niño
nos abraza. Con él ciño
esta lágrima de luz.
Cuando traspase la cruz,
no más címbalo en retiño.

Noviembre 1, 2018, jueves, 7:02 pm
Día de Todos los Santos-
Noviembre 2, viernes, 5:55 am
Día de los Fieles Difuntos
Güines
Aquí (también, San Nicolás de Bari,
San Juan y Martínez, Cárdenas),
es tradición que hoy
el cementerio permanezca abierto
hasta muy tarde en la madrugada.
Impresiona ver tantas velas
iluminando a personas
junto a criptas abiertas y bóvedas.

Las nieves del Hermón

Antífona

Siglos de espera, el instante.
Amor sólo sabe amar.
Soledad de los pastores.
Amor sólo sabe amar.
Ciencia que guía la estrella.
Amor sólo sabe amar.
Los clavos en el pesebre.
Amor sólo sabe amar.
María acuna la mirra.
Amor sólo sabe amar.

Añoranza en otras tierras.
Amor sólo sabe amar.
Sorpresa ante los doctores.
Amor sólo sabe amar.
Ser cordero en propia Pascua.
Amor sólo sabe amar.
Primera mañana en Luz.
Amor sólo sabe amar.
Siglos de espera, el instante.
Amor sólo sabe amar.

Septiembre 11, 2019, miércoles
12:58 am
Güines

Apocatástasis

Misterio, la Creación,
campamento de la vida,
senda en palabras tejida,
silencio de Encarnación.
Pesebre, resurrección
en Gólgota de los días.
Espíritu sin fratrías,
tantas lenguas sólo en una.
Trinidad, tiempo sin cuna,
Misterio que en Fe nos guías.

Enero 5, 2020, domingo 10:15-11:49 am
Parroquial de San Julián
y San Francisco Javier de los Güines
Nuncio Apostólico en la Misa
Vísperas de la Epifanía de Nuestro Señor Jesucristo

Entrar en Dios

Sin nombre quien Todo es,
sin muros quien todo abraza,
sin tiempo en quien tiempo pasa,
sin forma en cuanto aun ni ves.
Sin idioma en altivez,
sin prepotente oración,
sin rencor en el perdón,
sin claustro de hegemonía,
sin la eternidad de un día,
sin velo en la bendición.

Diciembre 6, 2020, lunes, 1:21 am
Epifanía de Nuestro Señor Jesucristo
Güines

Toda ciencia trascendiendo

nacer sin haber nacido
tan débil siendo tan fuerte
morir venciendo a la muerte
partir sin haber salido
orar por lo ya sabido
sufrir en libre existencia
obrar con tanta paciencia
sanar bebiendo dolor
soledad con tanto amor
vivir sin ser siendo esencia

Octubre 26, 2018, viernes, 8:20 am
Hotel Playa Cayo Santa María (0620),
Ranchón Playa, desayuno-
Lobby-bar, 10:41 am
Caibarién, Villa Clara

Kénosis

Soledad del Creador
en tan frágil creación.
Solitaria Anunciación
de quien era anunciador.
Solitario en el dolor
de clavetear la Verdad.
Ser origen sin Maldad,
tan pleno mientras moría.
No estar en estar vivía
sin tiempo la Eternidad.

Diciembre 8, 2020, miércoles
10:38 pm
Güines, frente frío

Natividad

El ángel partió. María
miró el silencio. La arena
en el camino, serena,
a Jerusalén seguía
el rastro de quien partía
aun nonato. Todo fue
tan sin tiempo. Nazaret,
gozo de nostalgia presa,
los clavos de la tristeza
en las manos de José.

Agosto 9, 2019, viernes
4:58 pm
Güines, llueve

La Virgen acariciando el vientre

El silencio de María,
palabra tan elocuente,
gozoso dolor y fuente
de pensativa alegría.
Callando, tanto servía
a Dios que en ella habitaba
mientras la gloria forjaba
los clavos de la pasión.
Tu silencio es el sermón
del Verbo que en ti moraba.

Noviembre 21, 2018, miércoles
9:07 pm
Güines

Adoración

Silencio, santa oración,
oleaje interno mirando
el vientre, recibir dando
vida en tanta Creación
al Creador, redención
de ser en Amor, el día
empieza con la sombría
noche, la aldea calla
mientras la muerte se encalla
en los brazos de María.

Enero 30, 2020, jueves
12:23 am
Güines

Oración de María

Nacer sin nacer el mundo,
sentir su respiración,
claustro a tanta bendición
en frágil cáliz. Profundo
silencio. Meditabundo
andar en casa. ¿Qué espera
quien por Ti no desespera
tan dentro de mí? ¿Qué harás?
¿Cuánto todo cambiarás?
¿Cuánto fruto de la higuera

en atrio humano? Qué olivo
tan lejos de Sion. Terrado
la noche abraza. Cerrado
huerto soy. Apenas vivo
la inmensidad que concibo.
¿Llegará nuestro Mesías
gimoteando? ¿Profecías
de una virgen en Belén?
Callo mientras digo: Ven,
acompaña nuestros días

en el camino a Judea,
a la casa de José,
empadronar un no sé
tan antes de Galilea
sin que Elisabet me vea,
ella que ha parido ya

en tanto silencio, está
mi mano sobre quien Es
sobre mí. Señor, ¿qué ves
en mí de tu Shekiná?

Febrero 5, 2020, miércoles, 3:50 pm
Güines-
Febrero 18, martes, 12:07 pm
Catedral de La Habana-
Febrero 22, domingo, 1:19 am
Hotel Enramadas (102), calles
Enramadas y Cuba, Santiago de Cuba

Teofanía

La sombra de cada paso
suspira con la mirada
cuando, a veces, todo es nada
y sólo en Dios el abrazo
ilumina. Quieto trazo
de un pesebre. Los pastores
miran tan reveladores
manoteos, los sonidos
de un niño que, en los gemidos,
de la cruz serán dolores

en libre arbitrio de quien
es todo sin que la nada
sea en la tierna mirada
de María. Tanto bien
en medio del mal, advien-
to de amor de tal soledad.
Cual pesebre, la verdad,
pañal en crucifixión,
es parto en resurrección
de quien es eternidad.

Diciembre 25, 2019, miércoles
10:40 pm
Güines

Archivolta

Primigenia catedral,
báculo tejiendo historia
sin necesidad de gloria,
tan desgarrado vitral
en ábside de un pañal
con ángeles y pastores,
silencio en los resplandores
de un establo, parteluz
bajo un tímpano de cruz,
epifanía en dolores.

Febrero 3, 2020, lunes
6:05 pm
Güines

Maternal

117

¿Ser pesebre de la Luz?
¿Acunar tanto misterio
transparente? ¿Ser salterio
en los clavos de la cruz
que anuncio? ¿Beber en sus
gimoteos? ¿Con pañal,
ser atrio sin más señal
que un coro en noche divina?
¿Sus manos cargar la espina
de Amor sin haz sepulcral?

Febrero 1, 2020, sábado
3:40 am
Güines

Consustanciados

Sustanciar a Dios de ti,
que te sustancia. Los ojos
del niño en tus labios rojos
meciendo la voz. Bebí
de tu esencia, tanto di
en cada sorbo sin hoy.
Te acuesto. Por dónde voy,
si cada paso es regreso
al misterio en tierno beso
a quien, por nacerlo, soy.

Enero 30, 2020, jueves
12:46 am
Güines

Gimoteos

Creación en Creación,
parir Luz tan desechada,
tan serena, tan turbada,
dolor en tal redención.
Nube y fuego, procesión
de escuchar su llanto, ser
árbol y fruto al beber
de su pecho tanta espera.
Ser roca de fuente, hoguera
de un saber sin conocer.

Febrero 1, 2020, sábado
3:55 am
Güines

Heme aquí

Soledad de los pastores
en la noche. ¿Solitaria
oscuridad tan gregaria?
¿Qué desierto, qué fulgores
convirtieron los temores
en luz interna? ¿Qué día
tan lejano aparecía
sin velos? ¿Quién los llamaba?
¿Por qué a ellos presentaba
Quien en pesebre nacía?

Agosto 20, 2019, martes
11:25 pm-11:35 pm
Güines

Ain-Karem

Carpintero y sacerdote
miran los niños jugar.
Los días son el altar
de tan majestuoso brote.
Pasa tan cerca un zelote,
un escriba, un centurión.
Joven y anciana, visión
de cuidar tanta belleza,
Tanto gozo en la tristeza
de una espada al corazón.

Marzo 7, 2020, sábado
3:35 am
Gran Hotel (213), Camagüey

María en la ventana

José la mira, sonríe,
el niño juega allá afuera,
hace calor, la madera
va cortando, se deslíe
un poco de brea, ríe,
pero recuerda el camino,
el niño ante aquel rabino
asombrado al escuchar
su mirada preguntar
por asunto tan divino.

Enero 31, 2020, viernes
12:02 am
Güines

Cáliz de tiempo

Cansancio. Mira el terrado.
Tan cerca, las caravanas,
sin embargo tan lejanas.
Suspira. Pasa un soldado.
Mira al niño. Cuán callado
signo de la salvación.
Madera, tierna oblación
en las manos de José.
Templo interno de la fe,
tan silente comunión.

Febrero 1, 2020, sábado
9:20-10:09 am
Güines

Salmo de José

Hijo mío, ¿quién pudiera
seguir tus pasos? Seguiste
los míos. ¿Cómo pudiste
mirar como si no fuera
lo mirado tuyo? Viera
el Hermón de nuevo allí
contigo. Cuánto viví,
sombra en día del Señor,
soledad de mi Tabor
en esta casa. Crecí

viéndote crecer. Compás,
hacha, regla, los cepillos
de labrar, clavos, martillos,
cargar el madero, más
yugos, arados, la paz
de contemplar el sudor
en tus brazos, el fragor
de tanto trabajo, risa
mientras comemos sin prisa.
Ser padre del Creador,

Adonai en cuerpo humano,
ver tan frágil, tan nacido
por quien todo es tan crecido,
la Eternidad de tu mano
que me besa, tan cercano
en los brazos de María,

arca viva, esposa mía,
¿cómo tus ojos mirar
si escucharte es consagrar
cuanto por ti ya existía

antes del tiempo? Temer
que te lapiden. Partir
era amarte al no seguir
los esponsales. Volver
en libertad para ser
con palabra bendecida.
La virgen a ti ofrecida
en el templo, templo fue
sin velo, atrio en Yavé,
esposa y madre de vida

a quien salvación traía
en pesebre. Te miró
al escucharte. Calló
mientras del templo volvía
con un niño en quien veía
la niña que deseara
jamás salir y quedara
tan plena de ti, santuario
de concepción en sagrario
vientre donde se encarnara

el Shadai tan frágilmente,
cuanto vieron los pastores
con ángel, los resplandores
de estrella a magos, la mente
es cántaro hacia la fuente,

pesebre donde naciste,
junto al que luego dormiste
en Nazaret, caravanas
al pozo de Jacob, tempranas
certezas que comprendiste

siendo todo comprensión.
Monte Horeb que en ti se abrió
cuando el desierto bebió
de tu éxodo, estación
junto al Nilo, vocación
de labrar con nube y fuego
estas arenas, el ruego
de tantos sin que en María
viesen cuánto contenía
tu palabra donde siego

tanta luz en la amargura,
una espada al corazón,
vivir con la bendición
en gozosa sajadura
de Creador en criatura
cuando este silencio acabe,
Mesías que todo lave,
Hijo y Siervo en esta casa,
Abba, Ammi que te abraza
tan dentro en cuanto no cabe,

ver al ángel del Señor
jugando, mirar callado
la noche desde el terrado,
tabernáculo, pastor

bajo el cayado, hacedor
que tu rebaño conduces
siendo cordero, reluces
tanta gloria en ti guardada
en tan ínfima morada,
El-Olam en tiempo luces,

hijo mío, majestuoso
Ungido que Simeón
cargara en presentación
al templo que eres, gozoso
carpintero, cadencioso
martillo que he dado yo
a Adonai, quien anunció
su acampar entre nosotros.
No veré lo que ya otros
verán de ti. Me abrazó

llorando tu arca, María.
Tanto quisiera quedarme,
nunca de ti separarme,
este vivir cada día
el de Yavé. Letanía
a un tiempo de no más hoy.
Ya no más aquí. Me voy
a quien crié en su crear.
Sosiego de tanto amar.
Vuelvo a quien, muriendo, soy.

Febrero 16, 2020, domingo, 11:00 am, sol
Catedral de La Habana
Marzo 23, 2020, lunes, 10:57 am
Güines

Nana de la Soledad

Casi ya cincuenta años,
María. José no está.
Aún las bodas de Caná
en la memoria. Regaños
al niño. Los desengaños
de tantos. El corazón
medita en crucifixión.
Tu vientre llora. Bondad
colgada. Tanta verdad
entre espinas de Ascensión.

Febrero 14, 2020, viernes, 11:15 am
San Miguel del Padrón, La Habana-
Febrero 22, sábado, 7:41 am
Iglesia de Nuestra Señora de la Soledad, Camagüey
Dormí al frente, hotel Santa María (104).
Hoy, El Cobre, hacia Santiago de Cuba.
Qué desvío tan simbólico del hotel Casa Granda,
por problemas de agua,
al hotel Enramadas (Fiesta de los Tabernáculos),
calles Enramadas y Cuba,
más cerca de la amniótica bahía.

Cenáculo

Vino y pan en quien nutrió
este cuerpo que se da
en Pascua nueva. Querrá
no beber lo que bebió,
ni comer lo que comió.
Lo mira. Lo ve partir
en luna llena. Vivir
la Encarnación duele tanto.
María, bajo su manto,
llora en tierno sonreír.

Marzo 25, 2020, miércoles, 3:55 pm
Anunciación de Nuestro Señor Jesucristo
Güines

Metanoia

Agua en vino convirtió
quien luego en vino vertiera
su sangre. Cuánto doliera
a quien tanto lo cargó
de niño y colgado vio
su gozo. La compasión
no olvida la Anunciación
del ángel. Duele el pandero.
Son las bodas del Cordero,
ya pronto en resurrección.

Marzo 24, 2020, martes
3:56 am
Güines

Grávida

Soledad mientras crecía
por Espíritu encarnado
en Verbo, Dios engendrado
sin tiempo. Calla María
ante la cruz. ¿Cómo haría
para entender tanto amor
de librar con el dolor
que, desde el vientre, la hería?
Soledad mientras moría
sin morir el Creador.

Febrero 5, 2020, miércoles
4:16 pm
Güines

Shekiná

Pesebre tan cuaresmal,
Cuaresma tan navideña,
Pasión por Amor enseña,
Horeb en Cruz bautismal.
Resurrección tan crismal,
aposento iluminado,
María tan a tu lado
desde el vientre que amamanta,
nostalgia y gozo levanta
Misterio tan revelado.

Marzo 1, 2020, 10:33 am
Primer Domingo de Cuaresma
Iglesia parroquial de San Julián
y San Francisco Javier de los Güines

Amnios

Hijo que en la gruta fue
pesebre de tanta luz,
cuánta vida en tanta cruz
sobre mi pecho. Besé
tu frente. Jamás pensé
verla ante mí con espinas.
En otra gruta terminas
de empezar. La Anunciación
enjugó tanta pasión
de aposento en que germinas.

Marzo 25, 2020, miércoles, 11:25 am
Anunciación de Nuestro Señor Jesucristo
Güines

Carne de mi carne

Parir a Dios, verlo ahí,
colgando yo en su madero,
hijo mío, pebetero
de tal luz que en cuerpo así
cuando, llorando, te di
vida a quien su vida entrega
y en gozo la muerte aniega
para en agua bautizar
este fuego que es entrar
en mies que en sí misma siega.

Marzo 26, 2020, miércoles
4:30-7:14 am
Güines
Aniversario 54
de las bodas de mis padres

Piedad

¿Cómo abrazarte, Adonai,
si dentro de mí has estado?
Cuán solitario, colgado.
Verte morir cuando hay
tanta vida en mi Shadai.
En un pesebre miraste
a quien en la cruz salvaste.
Qué silencio tan pascual.
Zarza en fuego bautismal,
con dolor, dolor sanaste.

Marzo 14, 2020, sábado
1:14 pm
Güines

Salmo de María

Nunca más volvió a Belén,
tampoco hasta Ain-Karem,
lo encontró en Jerusalén
donde ahora lo han juzgado,
el misterio amamantado,
tantos años a su lado,
pendiente tan solitario
de una cruz en el sagrario
pecho adentro, qué incensario
sin oro y con tanta mirra,

siempre huyendo por amar,
el mar de arena, soñar
en Gosén con retornar
por el camino de Shur
a quien viniera de Ur,
tanto recordar el sur
en noches de Galilea,
que plena deidad oblea
de sí misma en amor sea
junto a su madre, las manos

tejen silencio en la roca,
las voces hieren su boca,
el tiempo apenas la toca,
de pie contempla la herida
a quien diera tanta vida
librándola al ser ungida

con dolor, encarnación
de Pascua en su vientre, Sion
pesebre y crucifixión
de no más estar, y ser.

Febrero 5, 2020, miércoles
2:33 pm
Güines

Stabat Mater

Solitaria, dolorosa,
ante el pesebre y la cruz.
Tantos silencios en sus
palabras. Besa, gozosa,
su mirada. Rencorosa,
la multitud vocifera.
Tantos años ya que espera
lo dicho en la anunciación,
acompañado en la unción
de ser lago en la ribera

del desierto. Nada tiene,
sólo esos clavos, y ama
a quien, hiriéndolo, llama.
Sólo él sabe cuánto adviene.
Pero ahora se detiene
tanto milagro. ¿Qué hará?
¿Qué convirtiera en Caná
de su cuerpo ahí colgado?
Juan, inmóvil, a su lado.
Esta vez, José no está

con su mirada abrazando
los días en Nazaret,
ni su prima Elisabet
con su niño alborozando
en el vientre, saludando
un misterio que no entiende

asumiéndolo. Se extiende
su silencio en lo invisible
de voluntad tan visible.
Llama tan débil enciende

un fuego que, hiriendo, sana
las heridas en su pecho
al recibir, tan deshecho,
este amasijo sin vana
pretensión. La mañana
de la Pascua volverá,
pero sin él, Shekiná
que un ángel le develara.
Adonai que tanto amara,
¿cómo solo quedará
cuando la piedra cerrara

la cueva donde naciera?
El-Olam, jardín eterno,
sanando cuanto el averno
desmigaja. Quién pudiera
caminar con él, dijera
a la ciudad con ternura,
pero calla. La conjura
es dolor. Su vientre duele.
La noche arde. Consuele
la fe cuanto el alma apura

de tan lejana promesa.
¿Dónde Ana, Nicanor?
¿Dónde otro Juan, si dolor
a Elisabet es certeza?

Amanece en la vileza.
La verdad su paz tejió.
Alguien temprano partió
mientras la noche crujía.
Oye la voz de María
cuando la puerta se abrió.

Febrero 4, 2020, martes
5:05-7:10 am
Güines

<h1 style="text-align:center">Salmo de Jesús</h1>

Heme aquí, Padre. Regreso
a ti con tanto dolor.
Gime, silente, el amor
de quien su mirada es beso
en mis entrañas. Poseso
desposeído al nacer,
misericordia es poder
de cargar tanto despojo
que, sin luz, en Luz acojo
para en ti de nuevo ser

antes del tiempo. La historia,
frágil gota en las arenas
de tanto desierto, venas
enfermas de tanta gloria.
Pesebre de tu victoria,
pañal con que me acunaste,
la virgen madre criaste
para en sus senos beber
cuanto por mí padecer
a quien con dolor salvaste

de sí misma. Fugitivos,
la noche fue caravana
de tanto amor. La mañana
supo a otras tierras. Furtivos,
ante los muros altivos
de tu ciudad, continuamos

hasta alcanzar nuestra aldea,
mi techo de Galilea,
los muros en que crecí,
la choza donde aprendí
que más allá de Judea

también es tu Creación,
silencio que tanto enseña,
martillar en la hogareña
ternura de la oración,
moler el grano, pasión
de semilla que germina
tan en seco, no termina
la honda grieta de los clavos
en la carne, sin esclavos
rituales el día culmina

en suspiro de quien parte
a ti, mirando sentado
un niño en templo rodeado
por los doctores, hablarte
en sus ojos, abrazarte
en sus manos que caían,
sus pasos cuando venían
conmigo a la sinagoga
de Nazaret, tanto ahoga
sin ahogar la fe, vivían

con el tiempo por ternura
de un ángel la anunciación,
tan callada vocación
de hacer luz en noche, oscura

puerta de fe en la cordura
del alma gozosa abrirse
tan a ti, todo nutrirse
en un no saber sabiendo
de ver a su hijo creciendo
cual profecía cumplirse

y temer tal cumplimiento,
aceptar tanto dolor
aún lejano, qué rumor
de escuchar risa en ungüento,
sin lágrimas ante el cruento
castigo a otros, librar
la tierra de un profanar
tu Santidad tan visible
en cuerpo tan intangible
de cuanto cree mandar

tal sucesión de poderes,
calvarios donde he llorado
tan de lejos claveteado
añorando los placeres
de volver a ti, siguieres
mis pasos antes de ser
este cuerpo, este no ser
en pretorio, las espinas
son calles en hornacinas
de sin muros ascender

hacia adentro, precipicio
de convertirse en la ley
que debe seguir la grey

cuando conozcan del juicio
que no fue, fugaz inicio
de victoria mundanal,
pronto no habrá más sitial
de asombros en cada orilla
hacia lo mismo, barquilla
entre juncos, seminal

barro de silencio, pozo
de gentil samaritana,
templo de piel en la vana
transitoriedad del gozo
que ya pasó, cuánto esbozo
del ontos en la grafía
de tanta escuela en porfía
sin *patibulum* mirar,
tanto por desenclavar
en el pesebre, María,

dulce nombre, van tus pasos
a buscar agua en la fuente,
colgada está la simiente
deshaciendo tantos lazos
con estas manos en trazos
de látigos y martillo,
lavatorio sin lebrillo
en Gólgota de los días,
madero hasta en las crujías
del oro y plata sin brillo

al rasgarse interno velo,
tu cuerpo abandonarás,

parto de amor sufrirás
con ella, arca del cielo,
no más amor en desvelo
cuando seré quien Yo soy,
de ti vine, a ti voy,
ágape que, muriendo,
no muere y, aun sufriendo,
más ama cuanto más doy,

Abba, no abandonaste
a tu Hijo, pero hieren
no estos clavos que pudieren
sanar cuanto en Luz creaste,
y sanas en mí, me amaste
desde su vientre que ves
llorando en fe, su preñez
de Creación sin dolor,
ya no más tiempo en Amor
que en ti consumado es.

Marzo 18, 2020, miércoles
4:40 pm
Güines

Del autor

José Antonio Martínez Coronel

20 de septiembre de 1966, Güines, La Habana. Licenciado en Lengua y Literatura Francesas: Traducción e Interpretación, de la Universidad de La Habana. Miembro de la Unión de Escritores y Artistas de Cuba (Uneac). Miembro de la Sociedad Espeleológica de Cuba. Su vasta obra incluye los libros: *A veces cuando el silencio* (poesía), *Los hilos de Ariadna*, (pentalogía), *La catedral del tiempo*, (narrativa), *Las dunas de la espera*, (poesía) *Las arenas del tiempo*, (poesía), *Donde el espejo no llega*, (poesía) y El *monasterio interior*, (poesía). Todos publicados bajo el sello editorial Primigenios.

Catálogo de títulos publicados por la Editorial Primigenios

1. *Rabota*. Narrativa de Armando Landa Vázquez
2. *A veces cuando el silencio*. Poesía de José Antonio Martínez Coronel
3. *Puertas, boleros y cenizas*. Poesía de Yuray Tolentino Hevia
4. *La corte de los lobos*. Narrativa de José Luis Riverón Rodríguez
5. *La fiesta de la reina ortografía*. Narrativa infantil de Ronel González Sánchez
6. *De picha, y señor mío*. Narrativa de José Luis Riverón Rodríguez.
7. *Dos libros de Guerra (escrito a cuatro manos)*. Poesía de Félix Guerra Pulido y Félix Alexis Guerra Menéndez.
8. *Fragmentaciones de la luz*. Poesía de Luis Mariano Estrada (Lewis)
9. *Como salir de un país*. Poesía de Ricardo López
10. *Las tablillas de Diógenes*. Poesía de Eduardo René Casanova Ealo.
11. *Los sutiles vástagos: poemas dispersos*. Poesía de Milho Montenegro
12. *No despierten a las mariposas*. Narrativa infantil de Teresa Medina Rodríguez
13. *El cocinero, el sommelier, el ladrón y su (s) amante (s)*. Ensayo de Frank Padrón
14. *Los independientes de color*. Poesía de Armando Landa Vázquez
15. *Los cuentos más tontos del mundo*. Narrativa de Ronel González Sánchez
16. *Las hadas calzan botas*. Poesía infantil ilustrada de Clara Lecuona Varela.
17. *Nadar entre dos aguas*. Narrativa de José Alberto Collazo Oramas

39. *El polvo rojo de la memoria*. Novela de Eduardo René Casanova Ealo

40. *Al otro lado del mundo*. Poesía de Eduardo René Casanova Ealo

41. *Yo también soy ellas*. Poesía de Yuray Tolentino Hevia

42. *El señor de las patas largas*. Narrativa infantil ilustrada de Nuris Quintero Cuellar

43. *La oscura escalera*. Novela de Ramón Díaz-Marzo

44. *Cuervos sobre el trigal*. Cuentos para adultos de Yasmín Sierra Montes

45. *Las sendas escabrosas*. Poesía de Yasmín Sierra Montes

46. *Antología Memorable: poemas para no olvidar*. Selección de Juan Carlos García Guridi

47. *Las dunas de la espera*. Poesía de José Antonio Martínez Coronel

48. *Al diablo el que me lo pida*. Narrativa de Nuris Quintero Cuellar

49. *El puente y otros relatos*. Narrativa de Eduardo René Casanova Ealo

50. *Los cerezos de tu vientre*. Novela de Yasmín Sierra Montes

51. *Cuando el dolor se convierte en palabra*. Décimas de Elizabeth Álvarez Hernández

52. *Y a todo a media luz*. Narrativa de Teresa Regla Medina Rodríguez

53. *Las arenas del tiempo*. Décimas de José Antonio Martínez Coronel

54. *Cuando me besan tus ojos*. Poesía de Félix Alexis Guerra Menéndez

55. *Donde el espejo no llega*. Decimario de José Antonio Martínez Coronel

56. *Enigmas de la otra*. Poesía de Nuris Quintero Cuellar

57. *La frágil memoria de la semana*. Poesía de Elizabeth Álvarez Hernández

58. *Hombre que escribe en banco sin parque*. Poesía de Ulises Hernández Expósito.

9 798633 667264